Impressum
Verlag: BABADADA GmbH, Nedderfeld 112 , 22529 Hamburg
Geschäftsführer / Verlagsleitung: Harald Hof
Druck: Books on Demand GmbH, In de Tarpen 42, 22848 Norderstedt

Imprint
Publisher: BABADADA GmbH, Nedderfeld 112 , 22529 Hamburg, Germany
Managing Director / Publishing direction: Harald Hof
Print: Books on Demand GmbH, In de Tarpen 42, 22848 Norderstedt

בית ספר

mokykla

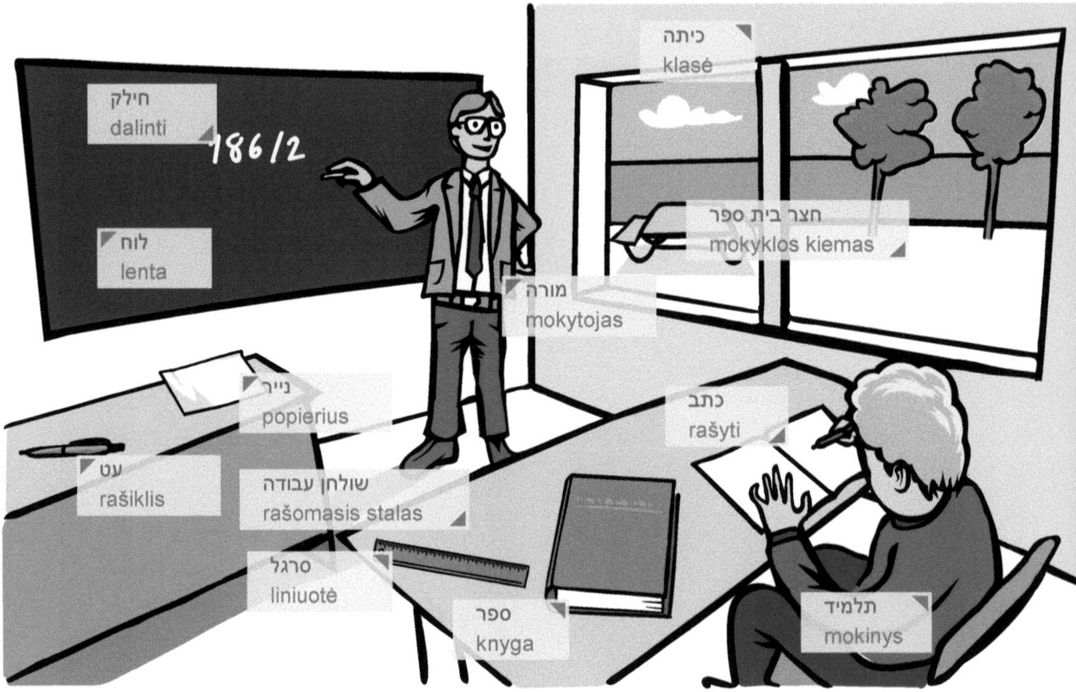
כיתה
klasė
חילק
dalinti
186/2
לוח
lenta
חצר בית ספר
mokyklos kiemas
מורה
mokytojas
נייר
popierius
כתב
rašyti
עט
rašiklis
שולחן עבודה
rašomasis stalas
סרגל
liniuotė
ספר
knyga
תלמיד
mokinys

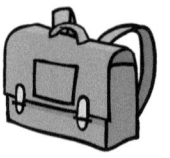

ילקוט
kuprinė

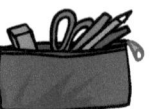

קלמר
penalas

עיפרון
pieštukas

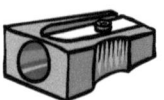

מחדד
drožtukas

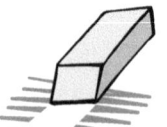

גומי מחיקה
trintukas

חוברת סרטוט
piešimo bloknotas

סרטוט

piešinys

מברשת

teptukas

קופסת צבעים

dažų dėžutė

מספריים

žirklės

דבק

klijai

ספר תרגול

vadovėlis

שיעור בית

namų darbai

מספר

numeris

2+2

חיבר

pridėti

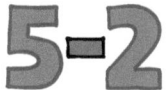

חיסר

atimti

2×2

הכפיל

dauginti

חישב

skaičiuoti

אות

raidė

ABCDEFG
HIJKLMN
OPQRSTU
VWXYZ

אלפבית

abėcėlė

מילה

žodis

טקסט

tekstas

קרא

skaityti

גיר

kreida

שיעור

pamoka

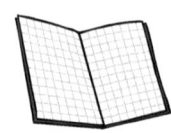

יומן נוכחות

dienynas

מבחן

egzaminas

תעודה

pažymėjimas

תלבושת בית ספר

mokyklinė uniforma

חינוך

išsilavinimas

אנציקלופדיה

enciklopedija

אוניברסיטה

universitetas

מיקרוסקופ

mikroskopas

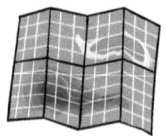

מפה

žemėlapis

סל נייר

šiukšliadėžė

נסיעה

kelionė

מלון
viešbutis
Grand
הוסטל
svečių namai
ROOMS
המרת מטבע
valiutos keitykla
מזוודה
lagaminas
אוטו
mašina

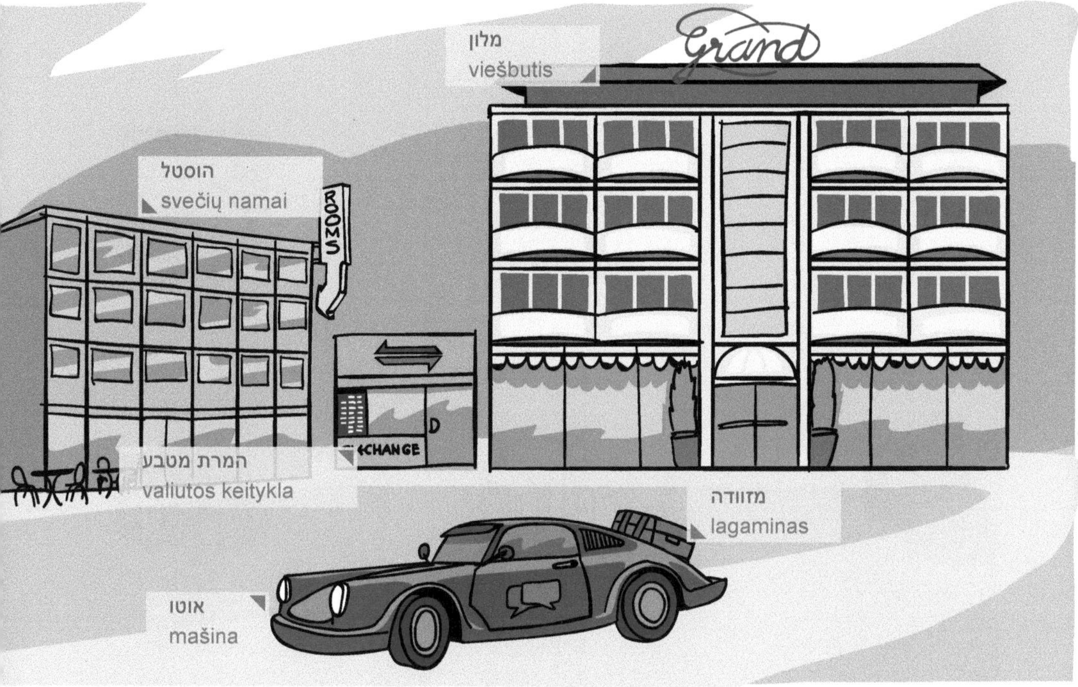

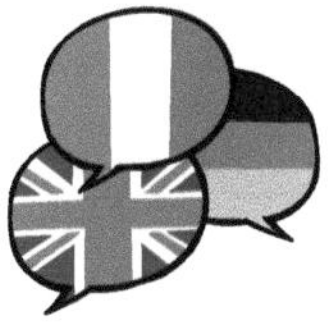

שפה

kalba

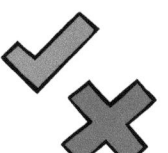

כן / לא

taip / ne

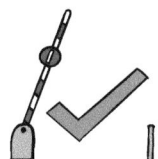

בסדר

Gerai

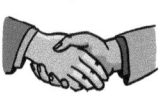

שלום

sveiki

מתרגם

vertėjas raštu

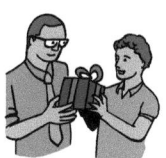

תודה

Ačiū

כמה עולה.....?

kiek kainuoja...?

אני לא מבין

aš nesuprantu

בעיה

problema

ערב טוב!

Labas vakaras!

בוקר טוב!

Labas rytas!

לילה טוב!

Labos nakties!

להתראות

viso gero

כיוון

kryptis

כבודה

bagažas

תיק

krepšys

תרמיל גב

kuprinė

אורח

svečias

חדר

kambarys

שק שינה

miegmaišis

אוהל

palapinė

מרכז מידע לתיירים

turizmo informacija

חוף ים

paplūdimys

כרטיס אשראי

kreditinė kortelė

ארוחת בוקר

pusryčiai

ארוחת צהריים

pietūs

ארוחת ערב

vakarienė

כרטיס

bilietas

מעלית

liftas

בול

pašto ženklas

גבול

siena

מכס

muitinė

שגרירות

ambasada

אשרה

viza

דרכון

pasas

תחבורה

transportas

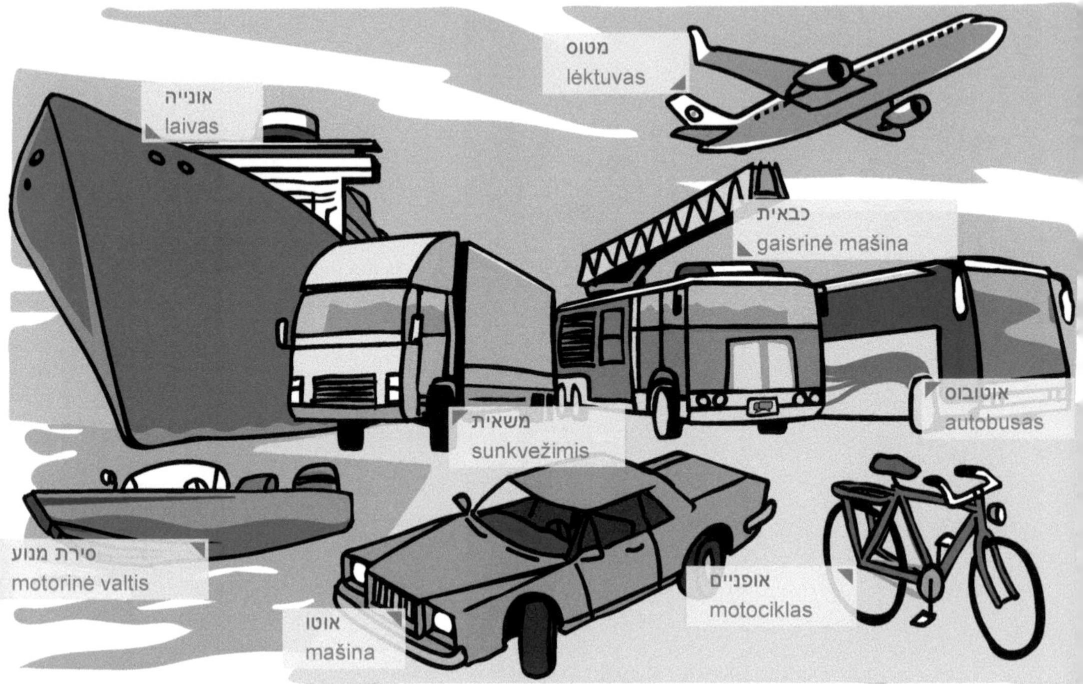

מטוס
lėktuvas
אונייה
laivas
כבאית
gaisrinė mašina
אוטובוס
autobusas
משאית
sunkvežimis
סירת מנוע
motorinė valtis
אופניים
motociklas
אוטו
mašina

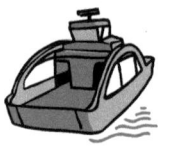

מעבורת
keltas

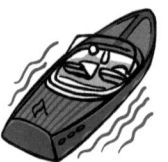

סירה
valtis

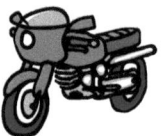

אופנוע
mopedas

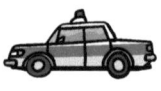

ניידת משטרה
policijos automobilis

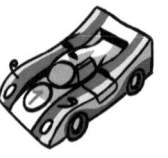

מכונית מרוץ
lenktyninis automobilis

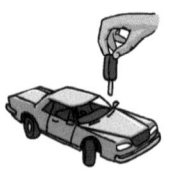

רכב שכור
nuomojamas automobilis

מכוניות בשיתוף

bendras automobilio
naudojimas

אוטו גרר

techninės pagalbos
automobilis

משאית זבל

šiukšliavežė

מנוע

variklis

דלק

degalai

תחנת דלק

degalinė

תמרור

kelio ženklas

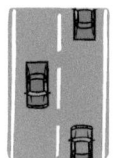

תנועה

eismas

פקק תנועה

eismo spūstis

חניה

mašinų stovėjimo aikštelė

תחנת רכבת

traukinių stotis

פסי רכבת

bėgiai

רכבת

traukinys

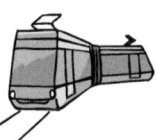

רכבת קלה

tramvajus

קרון

vagonas

מסוק

sraigtasparnis

שדה-תעופה

oro uostas

מגדל

bokštas

נוסע

keleivis

קונטיינר

konteineris

קרטון

dėžė

עגלה

vežimėlis

סל

krepšys

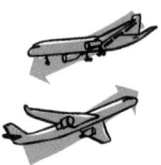

המראה / נחיתה

pakilti / nusileisti

עיר

miestas

כפר

kaimas

מרכז העיר

miesto centras

בית

namas

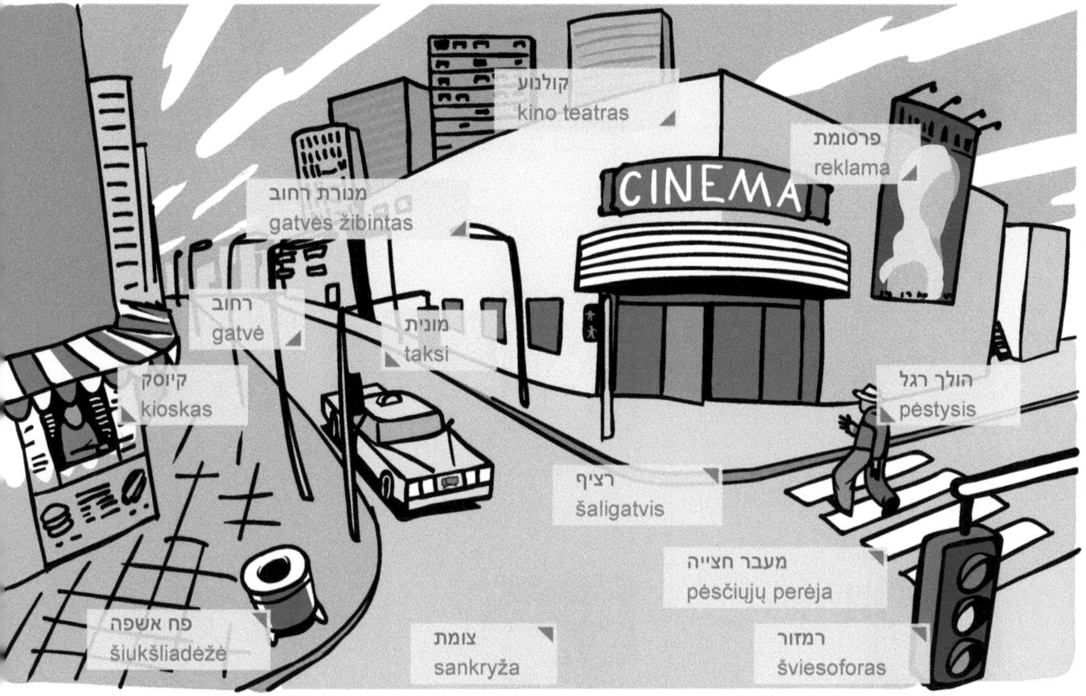
קולנוע
kino teatras
CINEMA
פרסומת
reklama
מנורת רחוב
gatvės žibintas
רחוב
gatvė
מונית
taksi
קיוסק
kioskas
הולך רגל
pėstysis
רציף
šaligatvis
מעבר חצייה
pėsčiųjų perėja
פח אשפה
šiukšliadėžė
צומת
sankryža
רמזור
šviesoforas

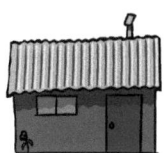

בקתה

trobelė

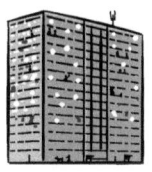

דירה

butas

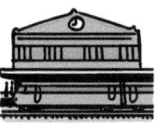

תחנת רכבת

traukinių stotis

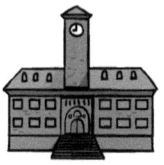

עירייה

rotušė

MUSEUM

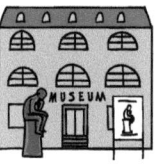

מוזיאון

muziejus

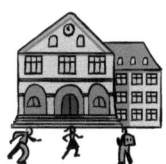

בית ספר

mokykla

אוניברסיטה

universitetas

בנק

bankas

בית חולים

ligoninė

מלון

viešbutis

בית מרקחת

vaistinė

משרד

biuras

חנות ספרים

knygynas

חנות

parduotuvė

חנות פרחים

gėlių parduotuvė

סופרמרקט

prekybos centras

שוק

turgus

כל-בו

universalinė parduotuvė

מוכר דגים

žuvies parduotuvė

קניון

prekybos centras

נמל

uostas

פארק

parkas

ספסל

suoliukas

גשר

tiltas

מדרגות

laiptai

רכבת תחתית

metro

מנהרה

tunelis

תחנת אוטובוס

autobusų stotelė

בר

baras

מסעדה

restoranas

תא דואר

lauko pašto dėžutė

שלט רחוב

kelio ženklas

מדחן

parkomatas

גן חיות

zoologijos sodas

בריכת שחיה

baseinas

מסגד

mečetė

חווה

ūkininko ūkis

זיהום

tarša

בית עלמין

kapinės

כנסייה

bažnyčia

מגרש משחקים

žaidimų aikštelė

בית מקדש

šventykla

נוף
kraštovaizdis

עלה
lapas

תמרור
kelio rodyklė

דרך
kelias

מרעה
pieva

אבן
akmuo

עץ
medis

מטייל
ėjikas

נהר
upė

דשא
žolė

פרח
gėlė

בקעה

slėnis

הר

kalva

אגם

ežeras

יער

miškas

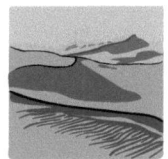

מדבר

dykuma

הר געש

ugnikalnis

טירה

pilis

קשת בענן

vaivorykštė

פטריה

grybas

דקל

palmė

יתוש

uodas

זבוב

musė

נמלה

skruzdėlė

דבורה

bitė

עכביש

voras

חיפושית

vabalas

צפרדע

varlė

סנאי

voverė

קיפוד

ežys

ארנב

kiškis

ינשוף

pelėda

ציפור

paukštis

ברבור

gulbė

חזיר בר

šernas

צבי

elnias

אייל הקורא

briedis

סכר

užtvanka

טורבינת רוח

vėjo jėgainė

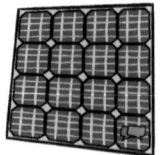

פנל סולארי

saulės baterija

אקלים

klimatas

מסעדה
restoranas

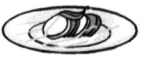

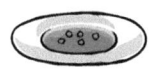

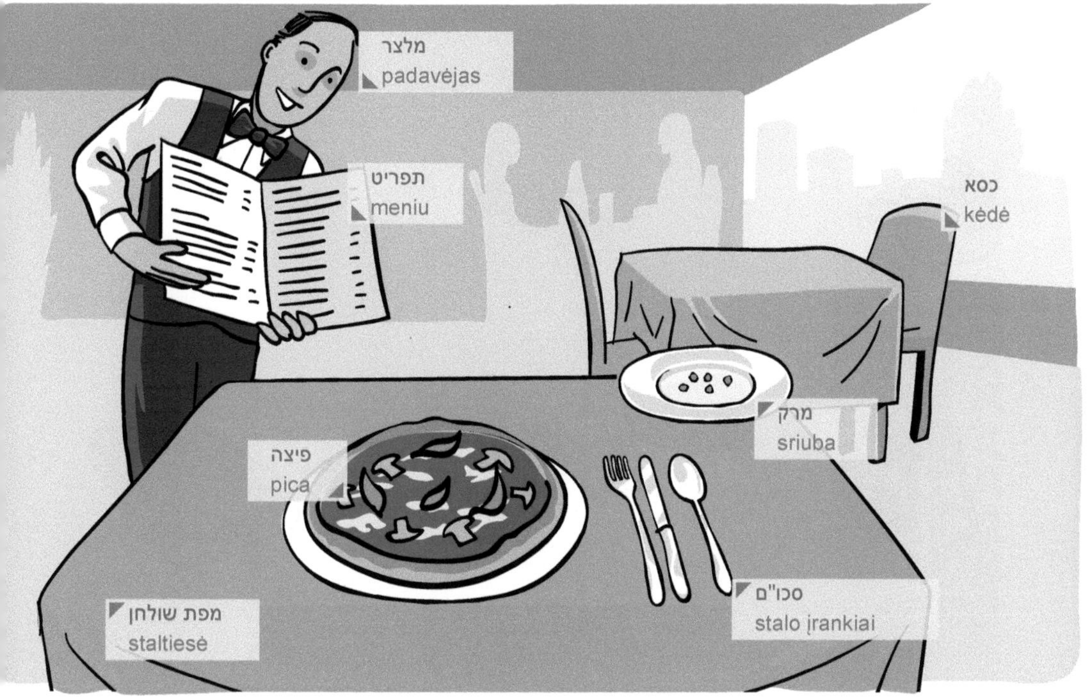

מלצר
padavėjas
תפריט
meniu
כסא
kėdė
מרק
sriuba
פיצה
pica
סכו"ם
stalo įrankiai
מפת שולחן
staltiesė

מנת פתיחה
užkandis

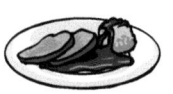

מנה עיקרית
pagrindinis patiekalas

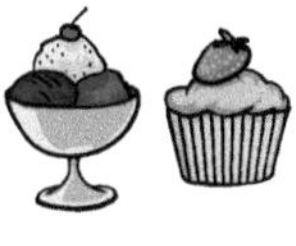
קינוח
desertas

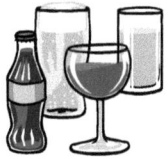

שתיות
gėrimai

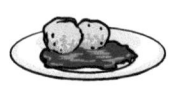

אוכל
maistas

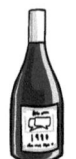

בקבוק
butelis

מזון מהיר

greitai pateikiamas maistas

אוכל רחוב

gatvės maistas

קנקן תה

arbatinukas

מסכרת

cukrinė

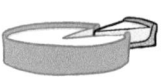

מנה

porcija

מכונת אספרסו

espreso aparatas

כסא תינוק

aukšta kėdė

חשבון

sąskaita

מגש

padėklas

סכין

peilis

מזלג

šakutė

כף

šaukštas

כפית

arbatinis šaukštelis

מפית

servetėlė

כוס

stiklinė

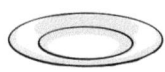

צלחת

lėkštė

קערת מרק

sriubos lėkštė

תחתית

padėklas

רוטב

padažas

מלחייה

druskinė

מטחנת פלפל

pipirų malūnėlis

חומץ

actas

שמן

aliejus

תבלינים

prieskoniai

קטשופ

kečupas

חרדל

garstyčios

מיונז

majonezas

סופרמרקט
prekybos centras

מבצע
specialus pasiūlymas
FOR
לקוח
pirkėjas
מוצרי חלב
pieno produktai
פירות
vaisiai
עגלת קניות
troleibusas

BUTCHERS

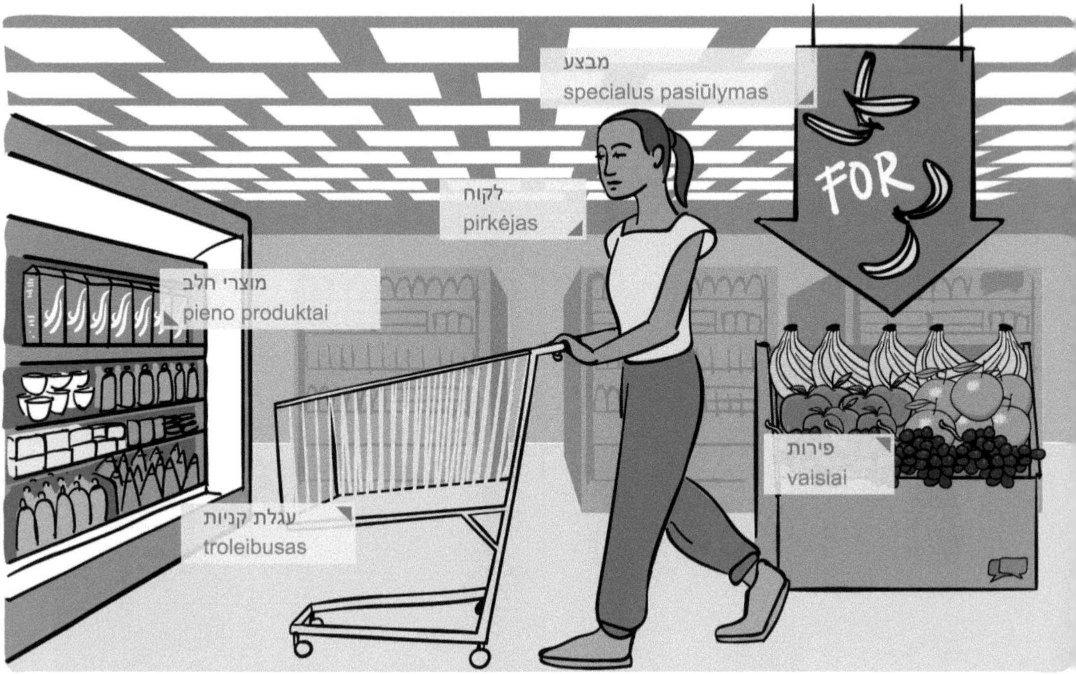

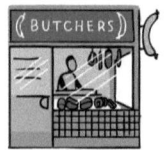

אטליז

mėsos parduotuvė

BAKERY

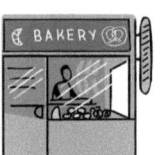

מאפייה

kepykla

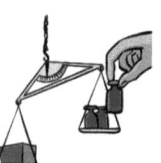

שקל

sverti

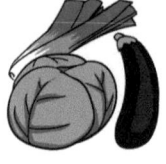

ירקות

daržovės

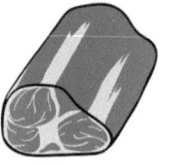

בשר

mėsa

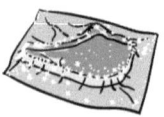

מזון קפוא

šaldytas maistas

בשר קר

šalti mėsos užkandžiai

שימורים

konservai

אבקת כביסה

skalbimo milteliai

ממתקים

saldumynai

מוצרי בית

ūkinės prekės

חומר ניקוי

valymo priemonės

מוכרת

pardavėja

קופה

kasos aparatas

קופאי

kasininkas

רשימת קניות

pirkinių sąrašas

שעות פתיחה

darbo valandos

ארנק

piniginė

כרטיס אשראי

kreditinė kortelė

תיק

maišelis

שקית ניילון

plastikinis maišelis

מים

vanduo

מיץ

sultys

חלב

pienas

קולה

kola

יין

vynas

בירה

alus

אלכוהול

alkoholis

קקאו

kakava

תה

arbata

קפה

kava

אספרסו

espresas

קפוצ'ינו

kapučinas

בננה
bananas

תפוח
obuolys

תפוז
apelsinas

אבטיח
arbūzas

לימון
citrina

גזר
morka

שום
česnakas

במבוק
bambukas

בצל
svogūnas

פטריות
grybas

אגוזים
riešutai

אטריות
makaronai

ספגטי

spagečiai

אורז

ryžiai

סלט

salotos

צ'יפס

traškučiai

צ'יפס

keptos bulvės

פיצה

pica

המבורגר

mėsainis

כריך

sumuštinis

שניצל

pjausnys

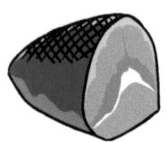

שינקין

kumpis

סלאמי

saliamis

נקניקיה

dešrelė

עוף

vištiena

טיגון

kepsnys

דג

žuvis

שיבולת שועל

avižų dribsniai

מוזלי

dribsniai su priedais

קורנפלקס

kukurūzų dribsniai

קמח

miltai

קרואסון

prancūziškasis ragelis

לחמנייה

bandelė

לחם

duona

טוסט

skrebutis

עוגיות

sausainiai

חמאה

sviestas

גבינה לבנה

varškė

עוגה

tortas

ביצה

kiaušinis

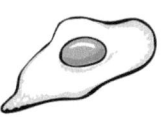

ביצת עין

kiaušinienė

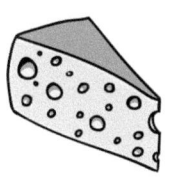

גבינה

sūris

גלידה

ledai

סוכר

cukrus

דבש

medus

ריבה

uogienė

ממרח נוגט

tepamas šokoladas

קארי

karis

ūkininko ūkis

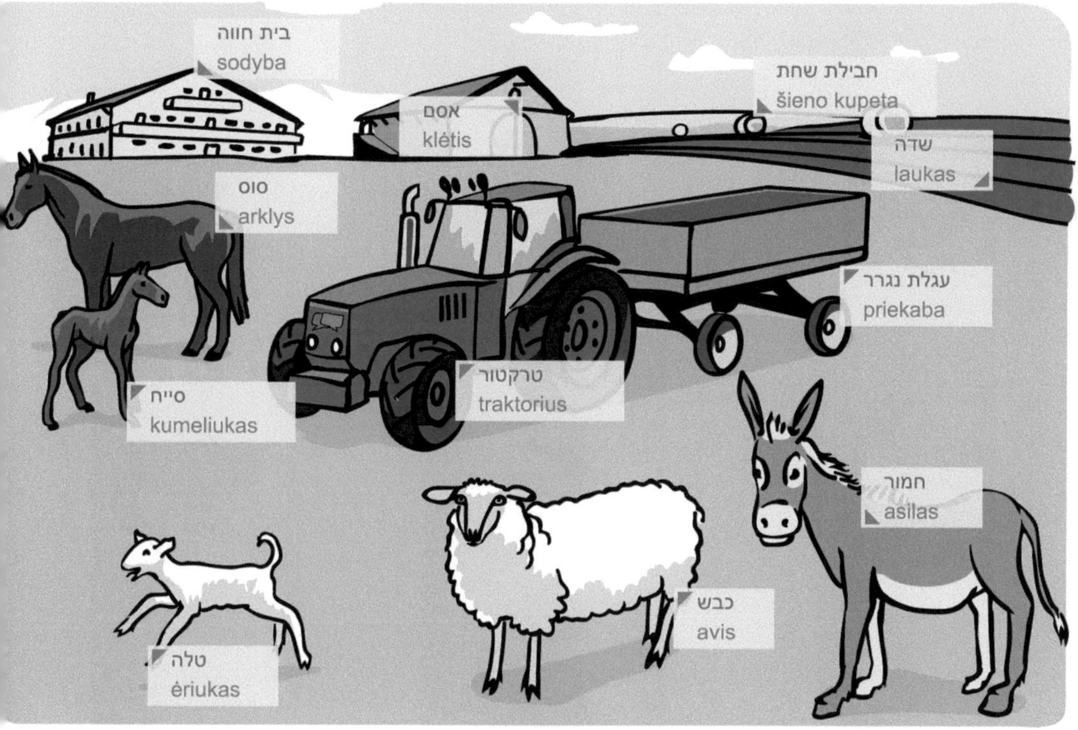
בית חווה
sodyba
חבילת שחת
šieno kupeta
אסם
klėtis
שדה
laukas
סוס
arklys
עגלת נגרר
priekaba
טרקטור
traktorius
סייח
kumeliukas
חמור
asilas
כבש
avis
טלה
ėriukas

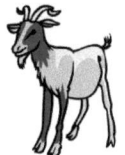

עז
ožys

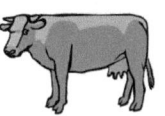

פרה
karvė

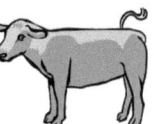

עגל
veršis

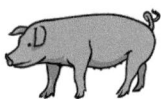

חזיר
kiaulė

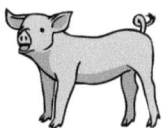

חזרזיר
paršelis

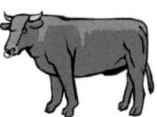

שור
bulius

אווז

żąsis

ברווז

antis

אפרוח

viščiukas

תרנגולת

višta

תרנגול

gaidys

חולדה

žiurkė

חתול

katė

עכבר

pelė

שור

jautis

כלב

šuo

מלונה

šuns būda

צינור השקיה

sodo namas

קנקן מים

laistytuvas

חרמש

dalgis

מחרשה

plūgas

מגל

pjautuvas

מגרפה

kauptukas

קלשון

šakės

גרזן

kirvis

מריצה

statinė

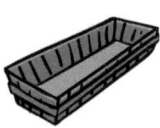

שוקת

lovys

כד חלב

bidonas

שק

maišas

גדר

tvora

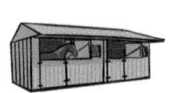

אורווה

arklidė

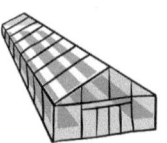

חממה

šiltnamis

אדמה

dirva

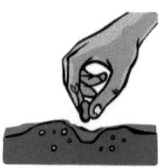

זרע

sėkla

דשן

trąšos

מקצרה

kombainas

קצר

rinkti

קציר

derlius

בטטה אפריקנית

saldžiosios bulvės

חיטה

kviečiai

סויה

soja

תפוח אדמה

bulvė

תירס

kukurūzai

קנולה

rapsai

עץ פירות

vaismedis

קסבה

manijokas

דגנים

grūdai

בית

namas

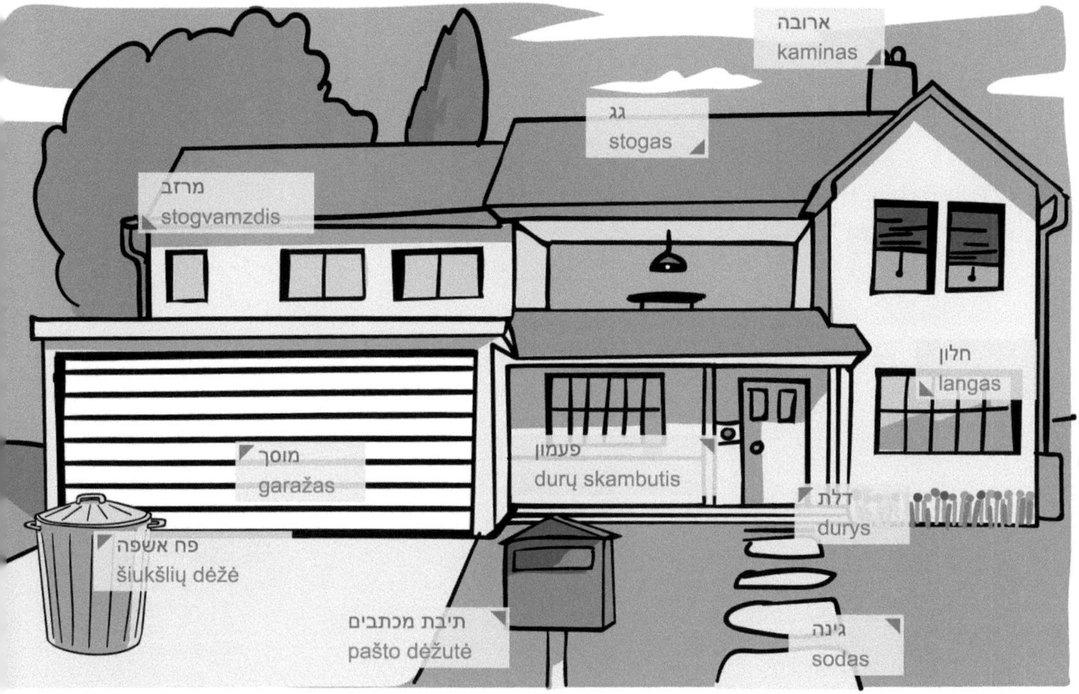

ארובה
kaminas
גג
stogas
מרזב
stogvamzdis
חלון
langas
מוסך
garažas
פעמון
durų skambutis
דלת
durys
פח אשפה
šiukšlių dėžė
תיבת מכתבים
pašto dėžutė
גינה
sodas

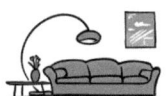

סלון

svetainė

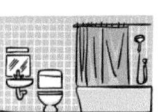

חדר אמבטיה

vonios kambarys

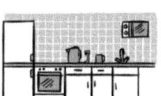

מטבח

virtuvė

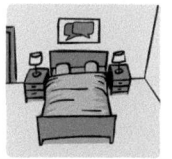

חדר שינה

miegamasis

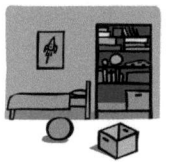

חדר ילדים

vaiko kambarys

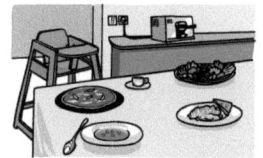

חדר אוכל

valgomasis

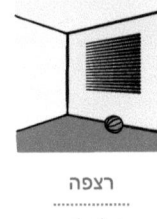

רצפה

grindys

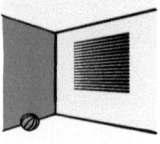

קיר

siena

תקרה

lubos

מרתף

rūsys

סאונה

sauna

מרפסת

balkonas

מרפסת

terasa

בריכה

baseinas

מכסחת דשא

žoliapjovė

סדין

paklodė

כיסוי מיטה

lovatiesė

מיטה

lova

מטאטא

šluota

דלי

kibiras

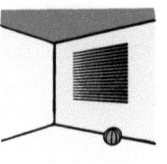

מפסק

jungiklis

סלון
svetainė

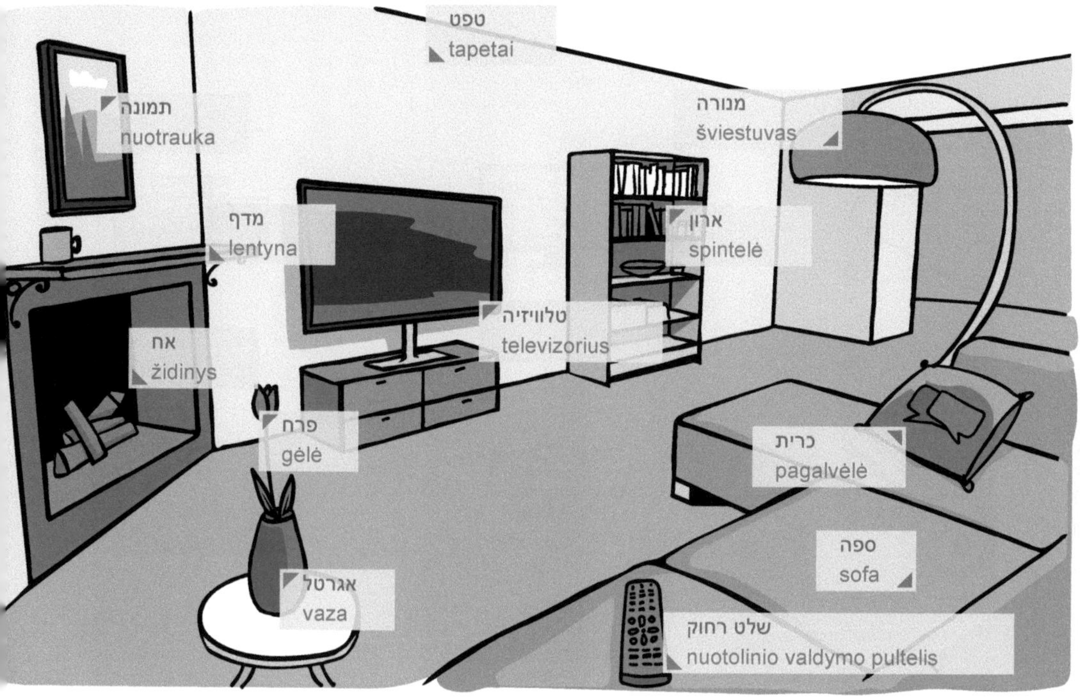
טפט
tapetai
תמונה
nuotrauka
מנורה
šviestuvas
מדף
lentyna
ארון
spintelė
טלוויזיה
televizorius
אח
židinys
פרח
gėlė
כרית
pagalvėlė
ספה
sofa
אגרטל
vaza
שלט רחוק
nuotolinio valdymo pultelis

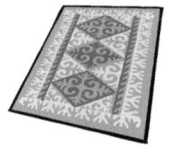

שטיח

kilimas

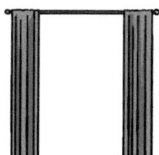

וילון

užuolaida

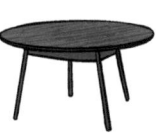

שולחן

stalas

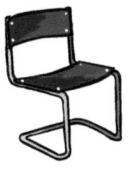

כסא

kėdė

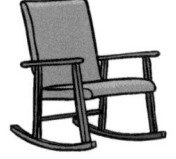

כיסא נדנדה

supamasis krėslas

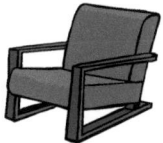

כורסה

fotelis

ספר

knyga

שמיכה

antklodė

דקורציה

papuošimai

עצי הסקה

malkos

סרט

filmas

מערכת סטריאו

stereo aparatūra

מפתח

raktas

עיתון

laikraštis

ציור

paveikslas

פוסטר

plakatas

רדיו

radijas

מחברת

užrašų knygelė

שואב אבק

dulkių siurblys

קקטוס

kaktusas

נר

žvakė

מטבח
virtuvė

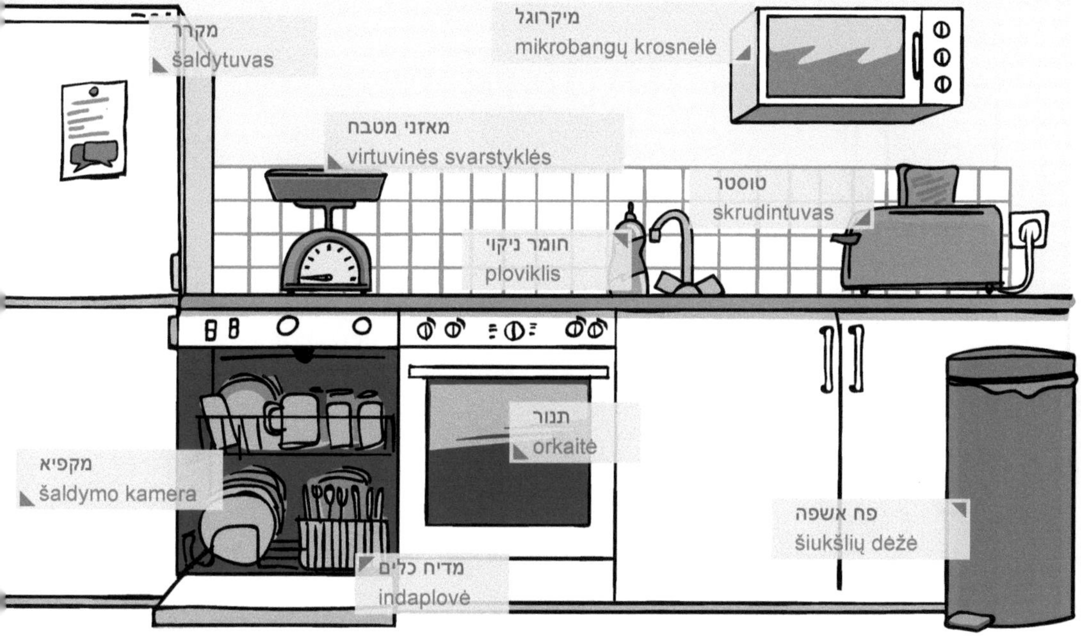

מקרר
šaldytuvas
מיקרוגל
mikrobangų krosnelė
מאזני מטבח
virtuvinės svarstyklės
טוסטר
skrudintuvas
חומר ניקוי
ploviklis
תנור
orkaitė
מקפיא
šaldymo kamera
פח אשפה
šiukšlių dėžė
מדיח כלים
indaplovė

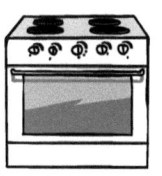

תנור
viryklė

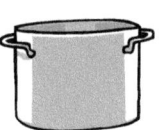

סיר
puodas

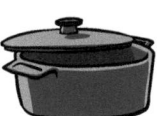

סיר ברזל
ketaus puodas

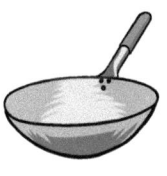

ווק
„wok“ keptuvė

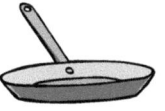

מחבת
keptuvė

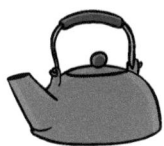

קומקום חשמלי
virdulys

מאדה

garų puodas

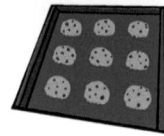

מגש אפייה

kepimo skarda

כלי אוכל

porceliano indai

ספל

puodelis

קערה

dubuo

צ'ופסטיקס

valgomosios lazdelės

מצקת

samtis

מרית

mentelė

מטרפה

plaktuvas

מסננת בישול

koštuvas

מסננת

sietas

מגרדת

trintuvė

מכתש

grūstuvė

גריל

kepsninė

מדורה

atvira liepsna

קרש חיתוך

pjaustymo lentelė

מערוך

kočėlas

פותחן פקקים

kamščiatraukis

פחית

skardinė

פותחן קופסאות

skardinių atidarytuvas

מטלית

puodkėlė

כיור

kriauklė

מברשת

šepetys

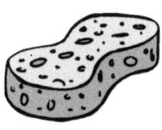

ספוג

kempinė

בלנדר

trintuvas

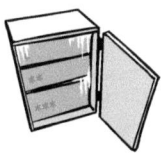

מקפיא

šaldiklis

בקבוק לתינוק

kūdikių buteliukas

ברז

čiaupas

חדר אמבטיה
vonios kambarys

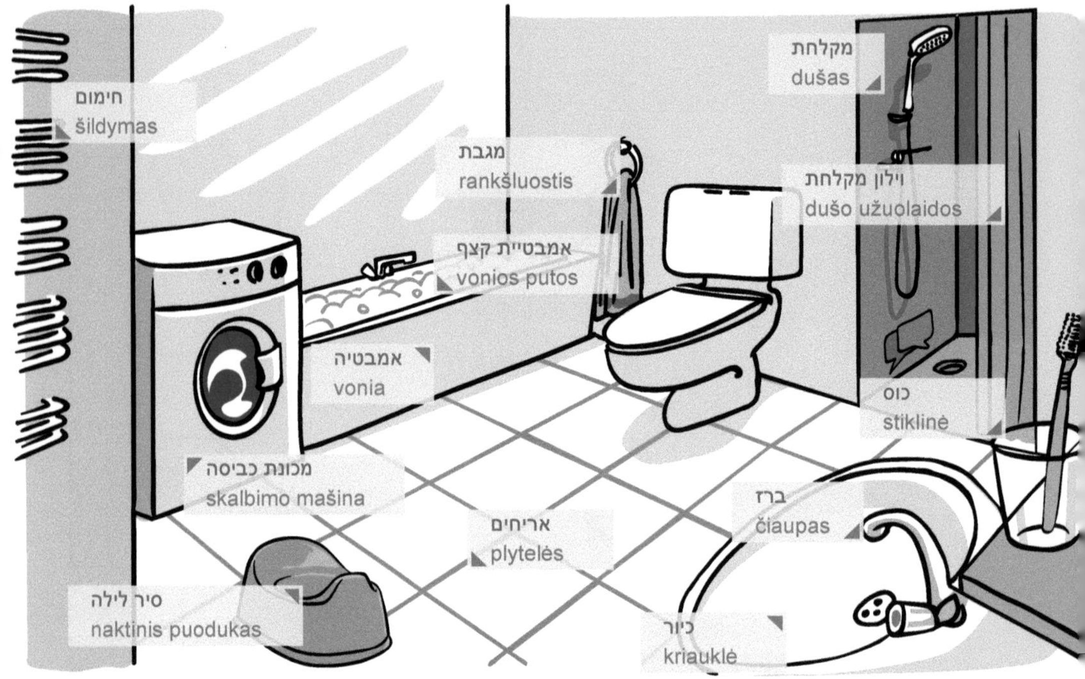
חימום
šildymas
מגבת
rankšluostis
מקלחת
dušas
וילון מקלחת
dušo užuolaidos
אמבטיית קצף
vonios putos
אמבטיה
vonia
כוס
stiklinė
מכונת כביסה
skalbimo mašina
ברז
čiaupas
אריחים
plytelės
סיר לילה
naktinis puodukas
כיור
kriauklė

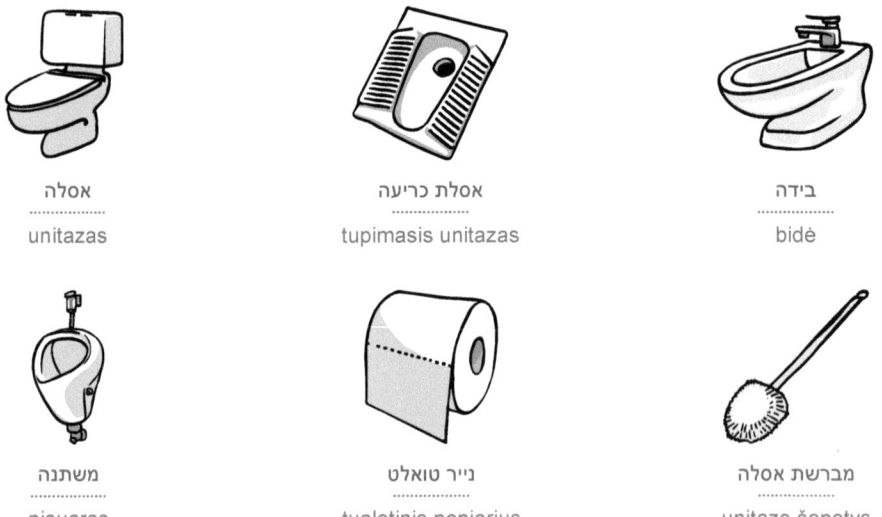

אסלה

unitazas

אסלת כריעה

tupimasis unitazas

בידה

bidė

משתנה

pisuaras

נייר טואלט

tualetinis popierius

מברשת אסלה

unitazo šepetys

מברשת שיניים

dantų šepetėlis

משחת שיניים

dantų pasta

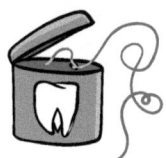

חוט דנטלי

dantų siūlas

שטף

plauti

מקלחת יד

dušo galvutė

צינור שטיפה לשירותים

higieninis dušas

קערת רחצה

praustuvas

מברשת גב

nugaros plaušinė

סבון

muilas

ג'ל רחצה

dušo želė

שמפו

šampūnas

ליפה

plaušinė

ניקוז

kanalizacija

קרם

kremas

דיאודורנט

dezodorantas

מראה

veidrodis

מראת יד

veidrodėlis

סכין גילוח

skustuvas

קצף גילוח

skutimosi putos

אפטרשייב

losjonas po skutimosi

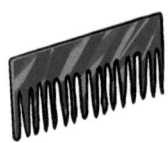

מסרק

šukos

מברשת

šepetys

מייבש שיעור

plaukų džiovintuvas

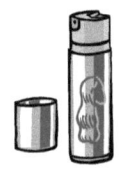

ספריי לשיער

plaukų lakas

איפור

makiažas

שפתון

lūpdažis

לק

nagų lakas

צמר גפן

vata

מספריים לציפורניים

žirklutės nagams

בושם

kvepalai

תיק כלי רחצה

maišelis skalbiniams

שרפרף

taburetė

משקל

svarstyklės

חלוק רחצה

chalatas

כפפות גומי

guminės pirštinės

טמפון

tamponas

תחבושת סניטרית

higieninis įklotas

שירותים כימיקליים

biotualetas

חדר ילדים

vaiko kambarys

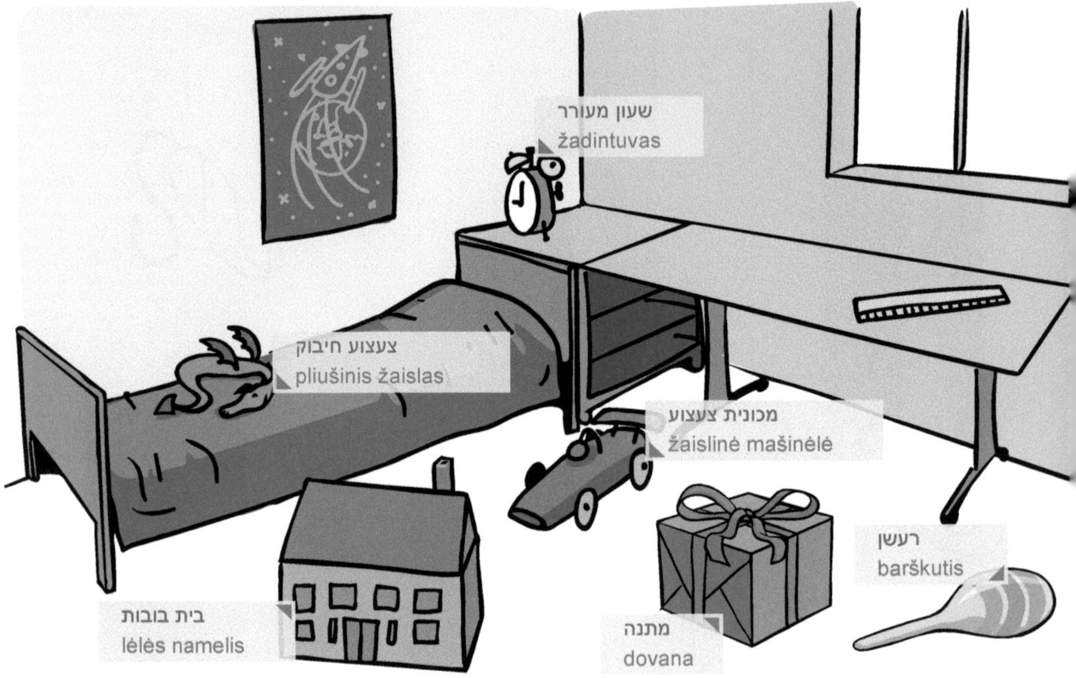

שעון מעורר
žadintuvas
צעצוע חיבוק
pliušinis žaislas
מכונית צעצוע
žaislinė mašinėlė
רעשן
barškutis
בית בובות
lėlės namelis
מתנה
dovana

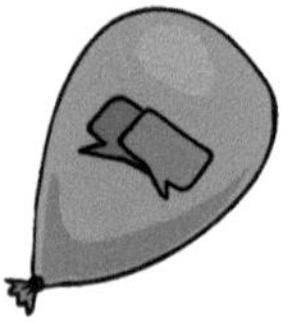

בלון

balionas

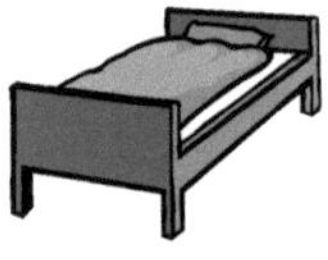

מיטה

lova

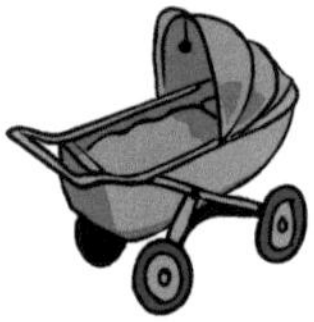

עגלה

vaikiškas vežimėlis

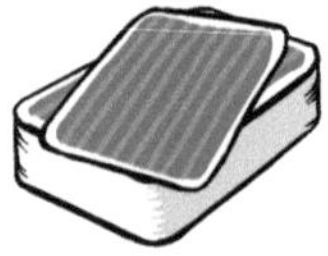

משחק קלפים

kortų malka

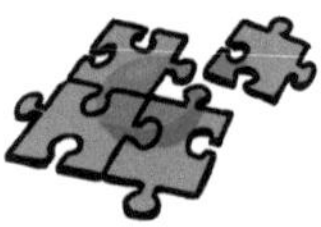

פאזל

dėlionė

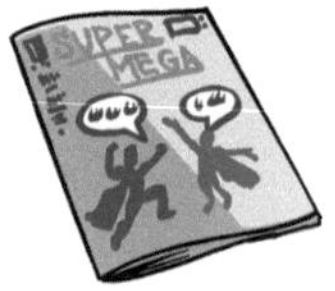

קומיקס

komiksai

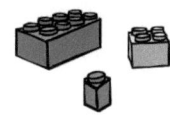

לגו

lego kaladėlės

קוביות משחק

žaislinės kaladėlės

דמות משחק

figūrėlė

סרבל תינוקות

šliaužtinukai

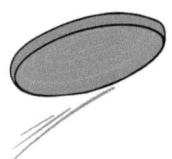

פריזבי

métymo lėkštė

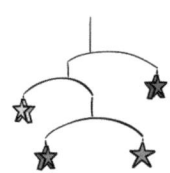

נייד

karuselė

משחק לוח

stalo žaidimas

קוביה

kauliukai

רכבת צעצוע

žaislinis traukinys

מוצץ

žindukas

מסיבה

vakarėlis

אלבום תמונות

paveiksliukų knygelė

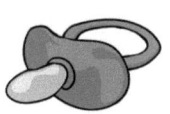

כדור

kamuolys

בובה

lėlė

שיחק

žaisti

ארגז חול

smėlio dėžė

נדנדה

sūpynės

צעצועים

žaislai

קונסולת משחקים

žaidimų konsolė

אופניים תלת גלגלי

triratukas

דובון

meškiukas

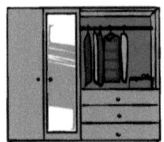

ארון בגדים

drabužių spinta

בגדים

drabužis

גרביים

kojinės

גרביונים

kojinės virš kelių

גרביון

pėdkelnės

צעיף
šalikas

מטריה
skėtis

חולצת טי
marškinėliai

חגורה
diržas

מגפיים
ilgaauliai batai

נעלי בית
šlepetės

נעלי ספורט
sportbačiai

סנדלים
....
sandalai

נעליים
....
batai

מגפי גומי
....
guminiai batai

תחתונים
....
trumpikės

חזייה
....
liemenėlė

וסט
....
liemenė

גוף

glaustinukė

מכנסיים

kelnės

ג'ינס

džinsai

חצאית

sijonas

חולצה מכופתרת

palaidinė

חולצה

marškiniai

אפודה

megztinis

סווצ׳ר עם קפוצ׳ון

megztinis su gobtuvu

בלייזר

švarkelis

ז'קט

švarkas

מעיל

paltas

מעיל גשם

lietpaltis

תלבושת

kostiumas

שמלה

suknelė

שמלת כלה

vestuvinė suknelė

חליפה

kostiumas

כותונת לילה

naktiniai marškiniai

פיג'מה

pižama

סארי

saris

מטפחת ראש

skarelė

טורבן

tiurbanas

בורקה

burka

קאפטן

kaftanas

עבאיה

abaja

בגד ים

maudymosi kostiumėlis

בגד ים

glaudės

מכנסיים קצרים

šortai

בגד אימון

sportinis kostiumas

סינר

prijuostė

כפפות

pirštinės

כפתור

saga

משקפיים

akiniai

צמיד יד

apyranké

שרשרת

vérinys

טבעת

žiedas

עגיל

auskaras

כובע

kepuré

קולב

pakabas

כובע

skrybélé

עניבה

kaklaraištis

רוכסן

užtrauktukas

קסדה

šalmas

כתפיות

breketai

תלבושת בית ספר

mokykliné uniforma

מדים

uniforma

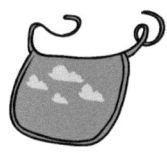

מפית אוכל

seilinukas

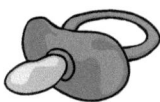

מוצץ

žindukas

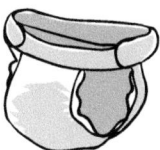

חיתול

vystyklai

משרד
biuras

שרת
serveris
תיקייה
dokumentų spinta
מדפסת
spausdintuvas
נייר
popierius
מסך
vaizduoklis
עכבר
pelė
שולחן עבודה
rašomasis stalas
תיק
aplankas
מקלדת
klaviatūra
סל נייר
šiukšliadėžė
מחשב
kompiuteris
כסא
kėdė

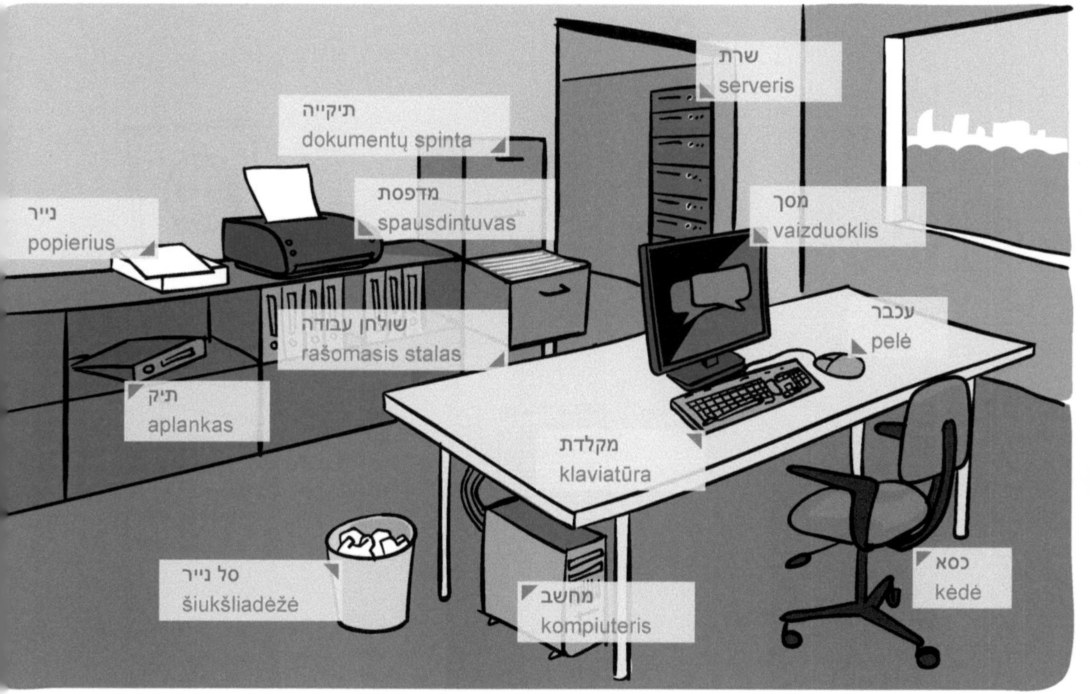

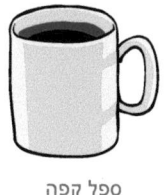

ספל קפה

kavos puodelis

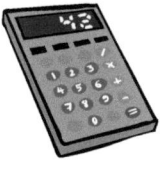

מחשבון

kalkuliatorius

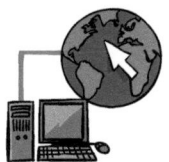

אינטרנט

internetas

מחשב נייד

nešiojamasis kompiuteris

מכתב

laiškas

הודעה

žinutė

נייד

mobilusis telefonas

רשת

tinklas

מכונת צילום

fotokopijavimo aparatas

תוכנה

programinė įranga

טלפון

telefonas

שקע

kištukinis lizdas

פקס

faksas

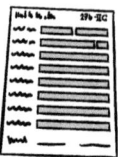

טופס

forma

מסמך

dokumentas

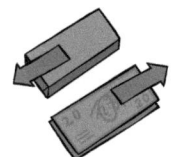

קנה

pirkti

שילם

mokėti

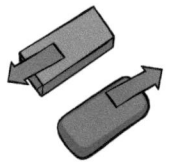

סחר

prekiauti

כסף

pinigai

דולר

doleris

יורו

euras

ין

jena

רובל

rublis

פרנק שווייצרי

Šveicarijos frankas

יואן רנמינבי

juanis

רופי

rupija

כספומט

bankomatas

המרת מטבע

valiutos keitykla

זהב

auksas

כסף

sidabras

נפט

nafta

אנרגיה

energija

מחיר

kaina

חוזה

sutartis

מס

mokestis

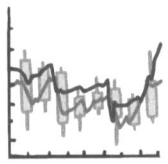

מנייה

akcijos

עבד

dirbti

עובד

darbuotojas

מעסיק

darbdavys

מפעל

gamykla

חנות

parduotuvė

מקצועות
profesijos

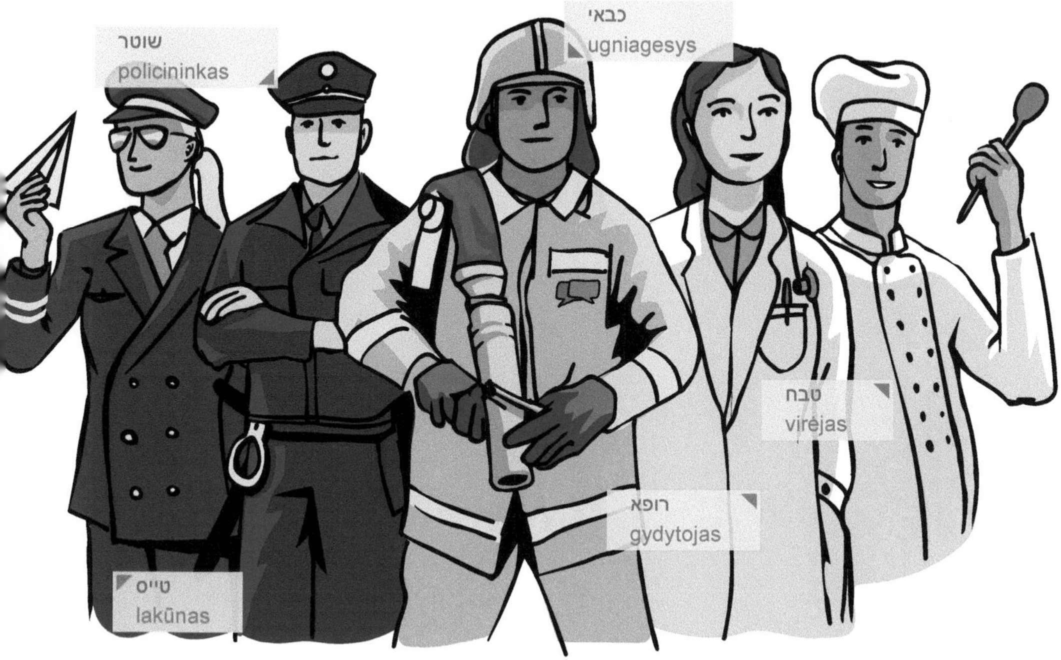
שוטר
policininkas
כבאי
ugniagesys
טבח
virėjas
רופא
gydytojas
טייס
lakūnas

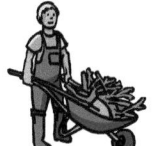

גנן

sodininkas

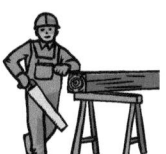

נגר

stalius

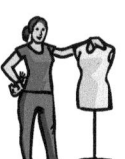

תופרת

siuvėja

שופט

teisėjas

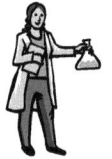

כימאי

chemikas

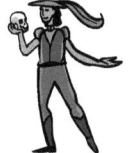

שחקן

aktorius

נהג אוטובוס

autobuso vairuotojas

נהג מונית

taksi vairuotojas

דייג

žvejys

עובדת נקיון

valytoja

מתקן גגות

stogdengys

מלצר

padavėjas

צייד

medžiotojas

צייר

dailininkas

אופה

kepėjas

חשמלאי

elektrikas

עובד בניין

statybininkas

מהנדס

inžinierius

קצב

mėsininkas

אינסטלטור

santechnikas

דוור

paštininkas

חייל

kareivis

אדריכל

architektas

קופאי

kasininkas

מוכר פרחים

gėlininkas

ספר

kirpėjas

כרטיסן

konduktorius

מכונאי

mechanikas

קברניט

kapitonas

רופא שיניים

odontologas

מדען

mokslininkas

רב

rabinas

אימאם

imamas

נזיר

vienuolis

כומר

kunigas

כלי עבודה

įrankiai

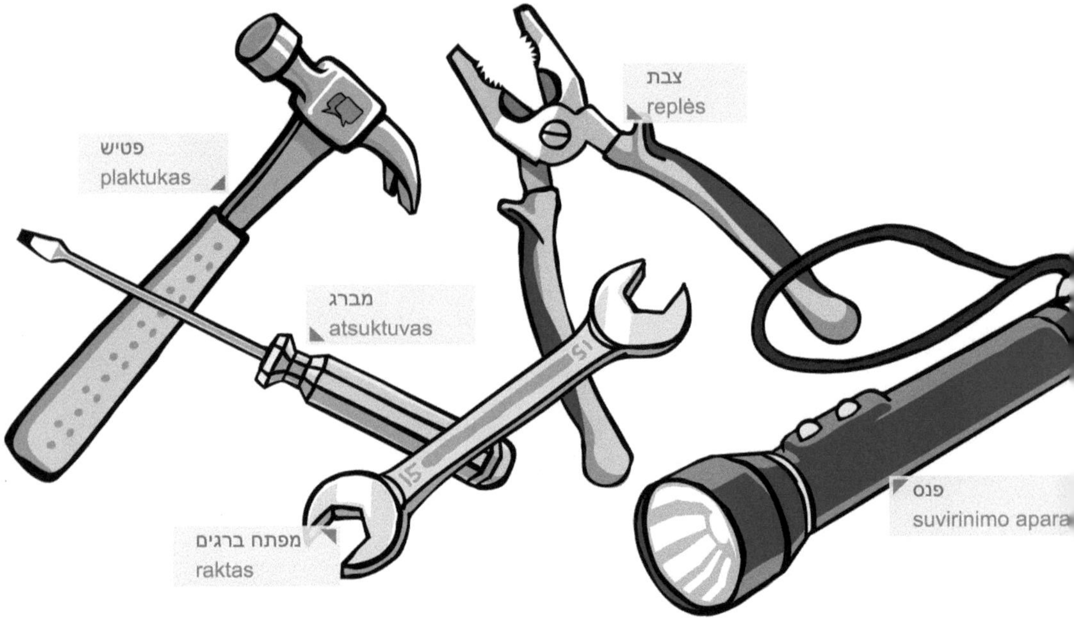

צבת
replės
פטיש
plaktukas
מברג
atsuktuvas
פנס
suvirinimo apara
מפתח ברגים
raktas

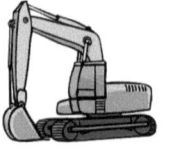

דחפור

ekskavatorius

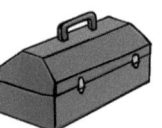

ארגז כלים

įrankių dėžė

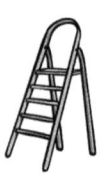

סולם

kopėčios

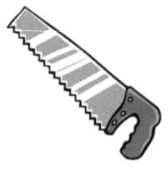

מסור

pjūklas

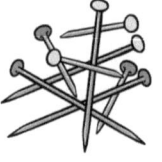

מסמרים

vinys

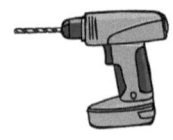

מקדחה

grąžtas

תיקון

taisyti

את חפירה

kastuvas

לעזאזל!

Velniava!

יעה

semtuvėlis

פח צבע

dažų skardinė

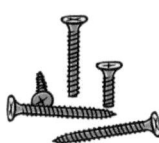

ברגים

varžtai

כלי נגינה

muzikos instrumentai

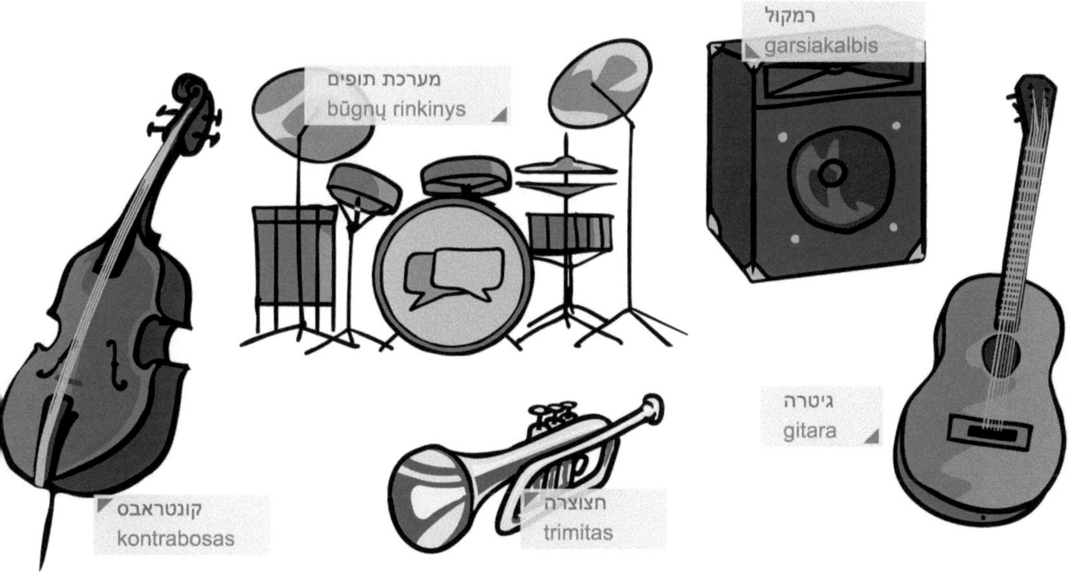

רמקול
garsiakalbis

מערכת תופים
būgnų rinkinys

גיטרה
gitara

קונטראבס
kontrabosas

חצוצרה
trimitas

פסנתר

pianinas

כינור

smuikas

בס

bosinė gitara

תוף הדוד

timpanas

תופים

būgnai

מקלדת פסנתר

sintezatorius

סקסופון

saksofonas

חליל

fleita

מיקרופון

mikrofonas

גן חיות

zoologijos sodas

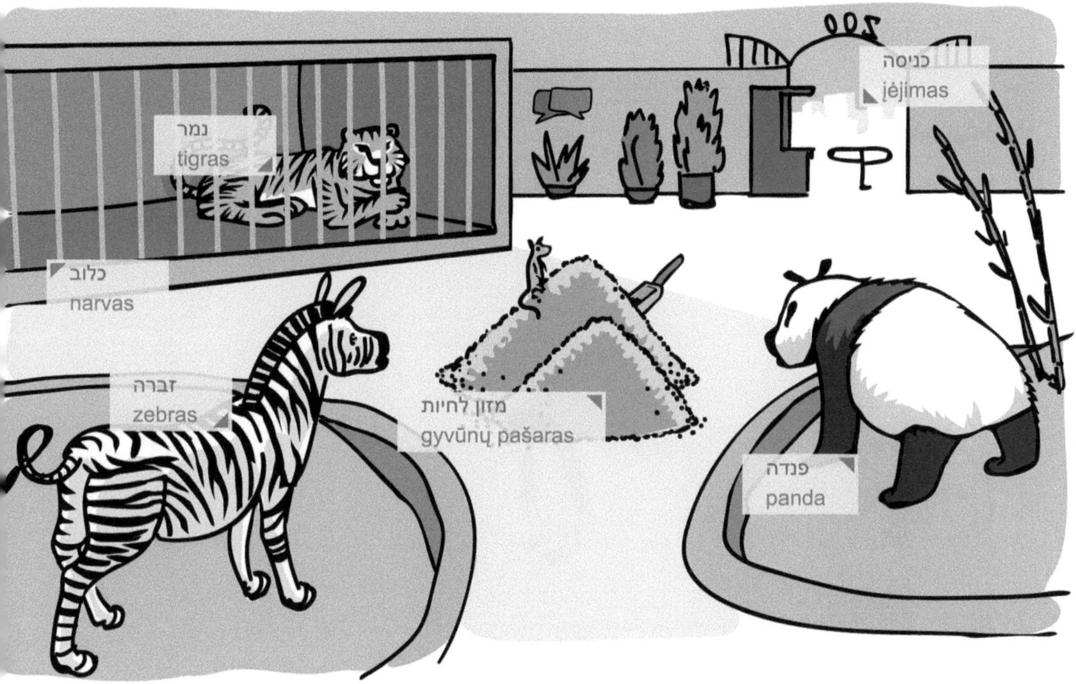
נמר
tigras
כלוב
narvas
זברה
zebras
מזון לחיות
gyvūnų pašaras
כניסה
įėjimas
פנדה
panda

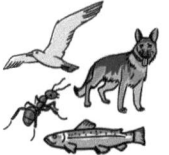

בעלי חיים

gyvūnai

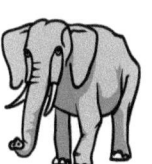

פיל

dramblys

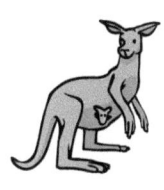

קנגרו

kengūra

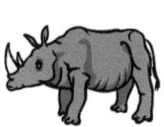

קרנף

raganosis

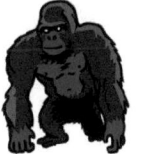

גורילה

gorila

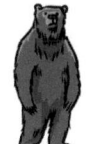

דוב

meška

גמל

kupranugaris

יען

strutis

אריה

liūtas

קוף

beždžionė

פלמינגו

flamingas

תוכי

papūga

דוב הקרח

baltoji meška

פינגווין

pingvinas

כריש

ryklys

טווס

povas

נחש

gyvatė

תנין

krokodilas

שומר גן החיות

zoologijos sodo prižiūrėtojas

כלב ים

ruonis

יגואר

jaguaras

סוס פוני

ponis

לאופרד

leopardas

היפופוטאם

begemotas

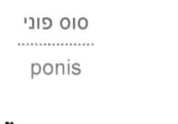

ג'ירפה

žirafa

נשר

erelis

חזיר בר

šernas

דג

žuvis

צב

vėžlys

סוס ים

vėplys

שועל

lapė

איילה

gazelė

פוטבול אמריקאי
amerikietiškas futbolas

רכיבת אופניים
dviračių sportas

טניס
tenisas

כדורסל
krepšinis

שחיה
plaukimas

אגרוף
boksas

הוקי
ledo ritulys

כדורגל
·············
futbolas

בדמינטון
·············
badmintonas

אתלטיקה
·············
atletika

כדור-יד
·············
rankinis

עשה סקי
·············
slidinėjimas

פולו
·············
polas

קפץ
šokinėti

חיבק
apkabinti

צחק
juoktis

הלך
vaikščioti

שר
dainuoti

חלם
svajoti

התפלל
melstis

נשק
bučiuoti

כתב
rašyti

צייר
piešti

הראה
rodyti

דחף
stumti

נתן
duoti

לקח
imti

יש / להיות הבעלים

turėti

עשה

daryti

היה

būti

עמד

stovėti

רץ

bėgti

משך

traukti

זרק

mesti

נפל

kristi

שכב

meluoti

חיכה

laukti

סחב

nešti

ישב

sėdėti

התלבש

rengtis

ישן

miegoti

התעורר

pabusti

פעילויות - užsiėmimai

הסתכל ב-

žiūrėti

בכה

verkti

ליטף

glostyti

סירק

šukuoti

דיבר

kalbėti

הבין

suprasti

שאל

paklausti

שמע

klausytis

שתה

gerti

אכל

valgyti

סידר

tvarkytis

אהב

mylėti

בישל

gaminti

נהג

vairuoti

עף

skristi

שט

buriuoti

חישב

skaičiuoti

קרא

skaityti

למד

mokytis

עבד

dirbti

התחתן

vesti

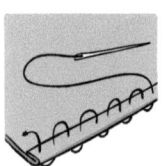

תפר

siūti

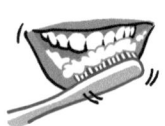

צִיחצח שיניים

valytis dantis

הרג

žudyti

עישן

rūkyti

שלח

siųsti

סבתא
senelė

סבא
senelis

אבא
tėvas

אימא
motina

תינוק
kūdikis

בת
dukra

בן
sūnus

אורח
svečias

דודה
teta

דוד
dėdė

אח
brolis

אחות
sesuo

גוף
kūnas

מצח
kakta
עין
akis
כתף
petys
אצבע
pirštas
פנים
veidas
סנטר
smakras
כף יד
plaštaka
רגל
koja
חזה
krūtinė
זרוע
ranka

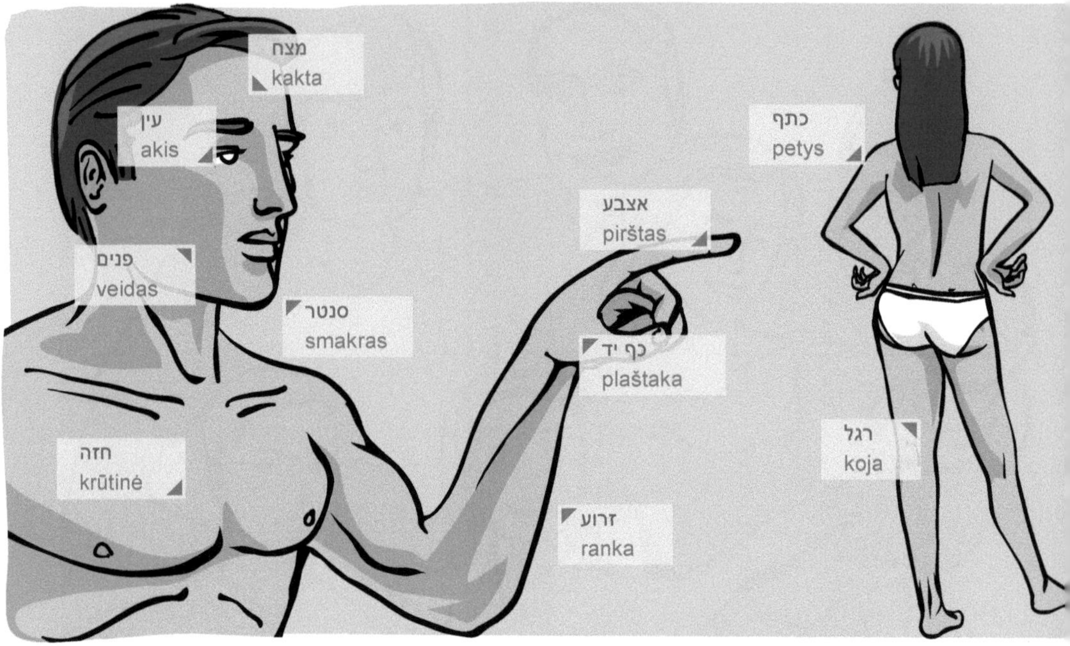

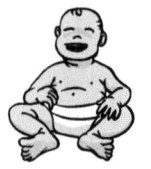

תינוק

kūdikis

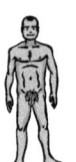

איש

vyras

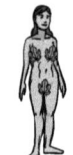

אישה

moteris

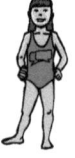

ילדה

mergaitė

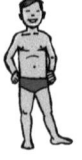

ילד

berniukas

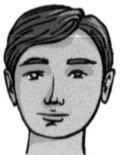

ראש

galva

גב

nugara

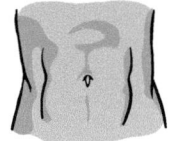

בטן

pilvas

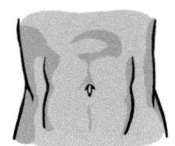

טבור

bamba

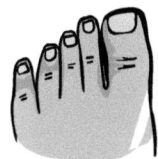

אצבע

kojos pirštas

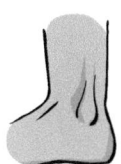

עקב

kulnas

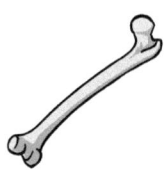

עצם

kaulas

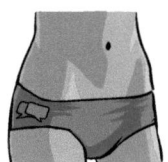

ירך

klubas

ברך

kelis

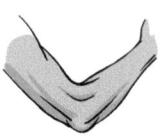

מרפק

alkūnė

אף

nosis

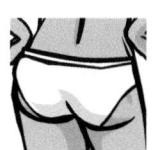

עכוז

sėdmenys

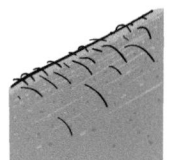

עור

oda

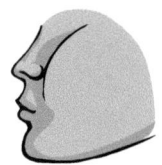

לחי

skruostas

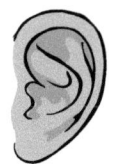

אוזן

ausis

שפתיים

lūpa

פה

burna

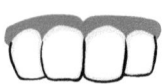

שן

dantis

לשון

liežuvis

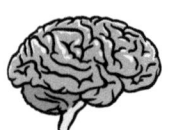

מוח

smegenys

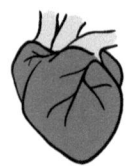

לב

širdis

שריר

raumuo

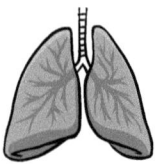

ריאה

plaučiai

כבד

kepenys

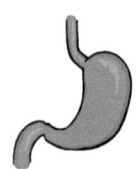

קיבה

skrandis

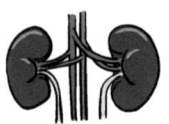

כליות

inkstai

מין

seksas

קונדום

prezervatyvas

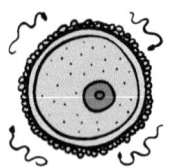

ביצית

kiaušialąstė

זרע

sperma

הריון

nėštumas

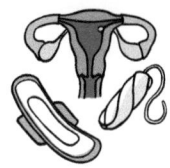

וסת

menstruacijos

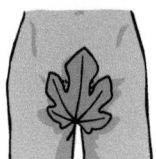

נרתיק

makštis

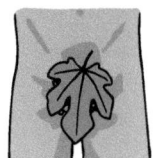

פין

varpa

גבה

antakis

שיער

plaukai

צוואר

kaklas

בית חולים
ligoninė

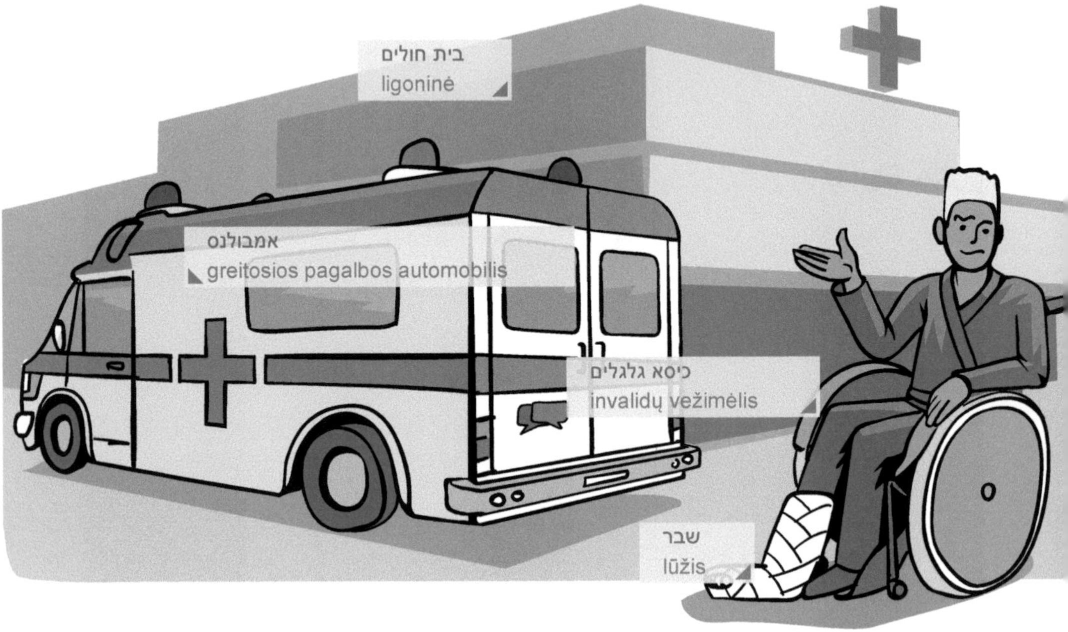

בית חולים
ligoninė
אמבולנס
greitosios pagalbos automobilis
כיסא גלגלים
invalidų vežimėlis
שבר
lūžis

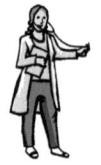

רופא

gydytojas

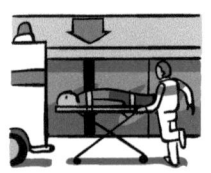

חדר מיון

skubios pagalbos skyrius

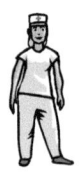

אחות

slaugytoja

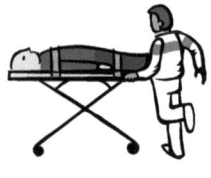

חירום

nelaimingas atsitikimas

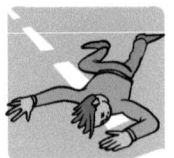

חסר הכרה

be sąmonės

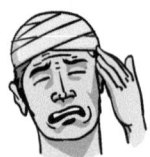

כאב

skausmas

פציעה
sužalojimas

דימום
kraujavimas

התקף לב
širdies smūgis

שבץ
insultas

אלרגיה
alergija

שיעול
kosulys

חום
karščiavimas

שפעת
gripas

שלשול
viduriavimas

כאב ראש
galvos skausmas

סרטן
vėžys

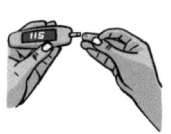

סוכרת
diabetas

מנתח
chirurgas

אזמל
skalpelis

ניתוח
operacija

סי-טי

KT

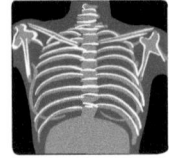

רנטגן

rentgenas

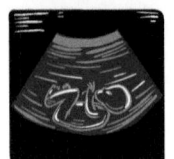

אולטרסאונד

ultragarsas

מסיכת פנים

veido kaukė

מחלה

liga

חדר המתנה

laukiamasis

קבה

ramentas

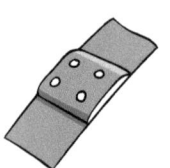

פלסטר

gipsas

תחבושת

tvarstis

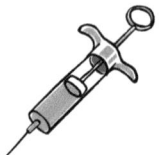

זריקה

injekcija

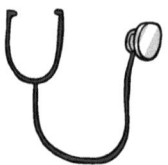

סטטוסקופ

stetoskopas

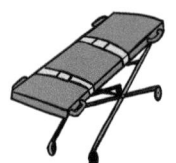

אלונקה

neštuvai

מד חום

termometras

לידה

gimimas

עודף משקל

antsvoris

מכשיר שמיעה

klausos aparatas

מחטא

dezinfekavimo priemonė

זיהום

infekcija

נגיף

virusas

איידס

ŽIV / AIDS

תרופה

vaistas

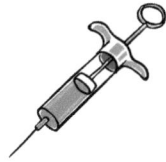

חיסון

skiepijimas

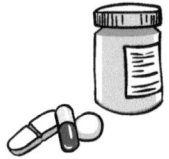

טבליות

tabletės

גלולה

piliulė

קריאת חירום

skubios pagalbos numeris

מד לחץ דם

kraujospūdžio matuoklis

חולה / בריא

ligotas / sveikas

הצילו!
Padėkite!

אזעקה
pavojaus signalas

פשיטה
užpuolimas

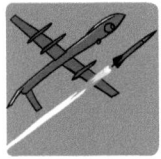

תקיפה
ataka

סכנה
pavojus

יציאת חירום
avarinis išėjimas

אש!
Gaisras!

מטף כיבוי
gesintuvas

תאונה
nelaimingas atsitikimas

ערכת עזרה ראשונה
pirmosios pagalbos rinkinys

הצילו!
SOS

משטרה
policija

אירופה
Europa

צפון אמריקה
Šiaurės Amerika

דרום אמריקה
Pietų Amerika

אפריקה
Afrika

אסיה
Azija

אוסטרליה
Australija

האוקיינוס האטלנטי
Atlanto vandenynas

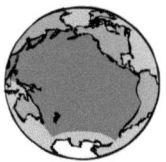

האוקיינוס השקט
Ramusis vandenynas

האוקיינוס ההודי
Indijos vandenynas

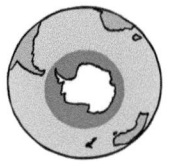

האוקיינוס האנטרקטי
Pietų vandenynas

האוקיינוס הארקטי
Arkties vandenynas

הקוטב הצפוני
Šiaurės ašigalis

הקוטב הדרומי

Pietų ašigalis

אנטארקטיקה

Antarktida

כדור הארץ

Žemė

אדמה

sausuma

ים

jūra

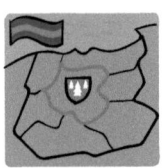

אי

sala

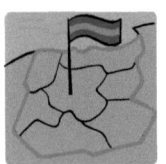

לאום

tauta

מדינה

valstybė

פני השעון

ciferblatas

מחוג השעות

valandinė rodyklė

מחוג הדקות

minutinė rodyklė

מחוג השניות

sekundinė rodyklė

מה השעה?

Kiek valandų?

יום

diena

זמן

laikas

עכשיו

dabar

שעון דיגיטלי

skaitmeninis laikrodis

דקה

minutė

שעה

valanda

שבוע

savaitė

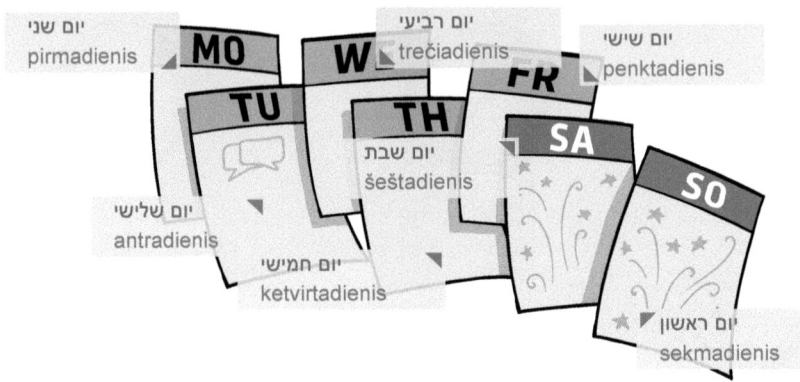

יום שני
pirmadienis

יום רביעי
trečiadienis

יום שישי
penktadienis

יום שבת
šeštadienis

יום שלישי
antradienis

יום חמישי
ketvirtadienis

יום ראשון
sekmadienis

אתמול
vakar

היום
šiandien

מחר
rytoj

בוקר
rytas

צהריים
vidurdienis

ערב
vakaras

ימי עבודה
darbo dienos

סוף שבוע
savaitgalis

שנה

metai

קשת בענן
vaivorykštė
גשם
lietus
שלג
sniegas
רוח
vėjas
אביב
pavasaris
סתיו
ruduo
קיץ
vasara
חורף
žiema

4.APRIL 11°
5.APRIL 4°
6.APRIL 13°
7.APRIL 8°
8.APRIL 10°

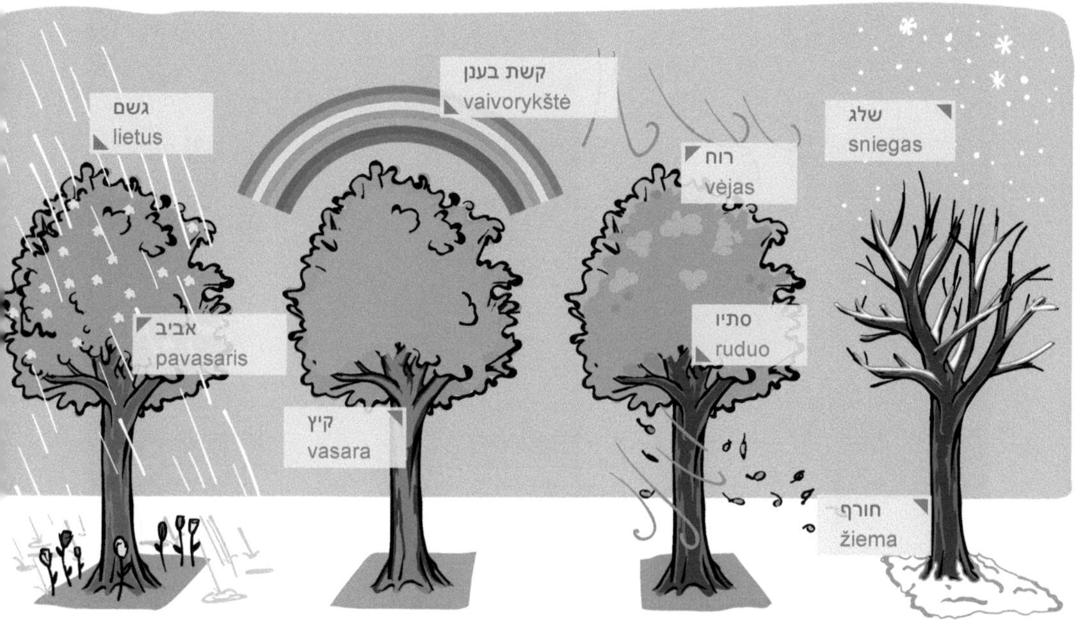

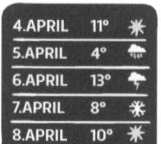

תחזית מזג האוויר

....

orų prognozė

F C
120 90 60 30 0 -30
40 30 20 10 0 -10 -20

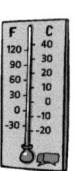

מד חום

....

lauko termometras

אור שמש

....

saulės šviesa

ענן

....

debesis

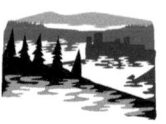

ערפל

....

rūkas

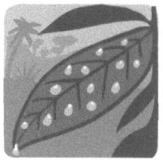

לחות

....

drėgmė

ברק

žaibas

רעם

griaustinis

סערה

audra

ברד

kruša

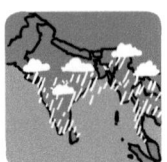

רוח עונתי

musonas

שיטפון

potvynis

קרח

ledas

ינואר

sausis

פברואר

vasaris

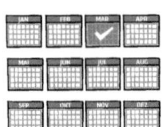

מרץ

kovas

אפריל

balandis

מאי

gegužė

יוני

birželis

יולי

liepa

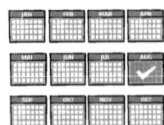

אוגוסט

rugpjūtis

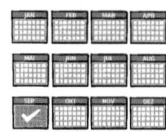

ספטמבר

rugsėjis

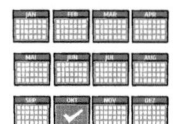

אוקטובר

spalis

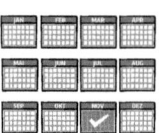

נובמבר

lapkritis

דצמבר

gruodis

צורות

formos

עיגול

apskritimas

מרובע

kvadratas

מלבן

stačiakampis

משולש

trikampis

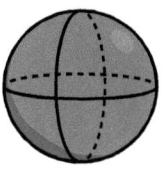

כדור

sfera

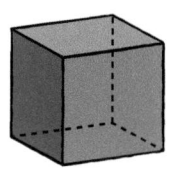

קובייה

kubas

לבן

balta

צהוב

geltona

כתום

oranžinė

ורוד

rožinė

אדום

raudona

סגול

violetinė

כחול

mėlyna

ירוק

žalia

חום

ruda

אפור

pilka

שחור

juoda

הרבה / מעט

daug / mažai

כועס / רגוע

piktas / ramus

יפה / מכוער

gražus / bjaurus

התחלה / סוף

pradžia / pabaiga

גדול / קטן

didelis / mažas

בהיר / כהה

šviesus / tamsus

אח / אחות

brolis / sesuo

נקי / מלוכלך

švarus / purvinas

שלם / חלקי

užbaigtas / neužbaigtas

יום / לילה

diena / naktis

מת / חי

mireş / gyvas

רחב / צר

platus / siauras

אכיל / לא אכיל

valgomas / nevalgomas

רשע / טוב לב

piktas / malonus

מתרגש / משועמם

linksmas / nuobodus

שמן / רזה

storas / plonas

ראשון / אחרון

pirmiausia / paskiausia

חבר / אויב

draugas / priešas

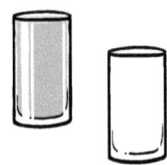

מלא / ריק

pilnas / tuščias

קשה / רך

kietas / minkštas

כבד / קל

sunkus / lengvas

רעב / צמא

alkis / troškulys

חולה / בריא

ligotas / sveikas

בלתי-חוקי / חוקי

nelegalus / legalus

נבון / טיפש

protingas / kvailas

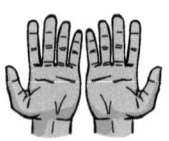

שמאל / ימין

kairė / dešinė

קרוב / רחוק

arti / toli

חדש / משומש

naujas / naudotas

כלום / משהו

niekas / kažkas

זקן / צעיר

senas / jaunas

פעיל / כבוי

įjungta / išjungta

פתוח / סגור

atidaryta / uždaryta

שקט / רועש

tylus / garsus

עשיר / עני

turtingas / vargšas

נכון / שגוי

teisus / neteisus

מחוספס / חלק

šiurkštus / švelnus

עצוב / שמח

liūdnas / laimingas

קצר / ארוך

trumpas / ilgas

איטי / מהיר

lėtas / greitas

רטוב / יבש

drėgnas / sausas

חם / קר

šiltas / šaltas

מלחמה / שלום

karas / taika

0

אפס

nulis

1

אחת

vienas

2

שתיים

du

3

שלוש

trys

4

ארבע

keturi

5

חמש

penki

6

שש

šeši

7

שבע

septyni

8

שמונה

aštuoni

9

תשע

devyni

10

עשר

dešimt

11

אחת-עשרה

vienuolika

12
שתים-עשרה
dvylika

13
שלוש-עשרה
trylika

14
ארבע-עשרה
keturiolika

15
חמש-עשרה
penkiolika

16
שש-עשרה
šešiolika

17
שבע-עשרה
septyniolika

18
שמונה-עשרה
aštuoniolika

19
תשע-עשרה
devyniolika

20
עשרים
dvidešimt

100
מאה
šimtas

1.000
אלף
tūkstantis

1.000.000
מיליון
milijonas

אנגלית

anglų

אנגלית אמריקאית

amerikiečių anglų

סינית מנדרינית

kinų (mandarinų)

הודית

hindi

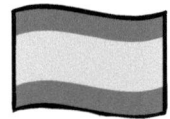

ספרדית

ispanų

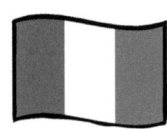

צרפתית

prancūzų

ערבית

arabų

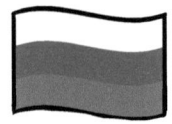

רוסית

rusų

פורטוגזית

portugalų

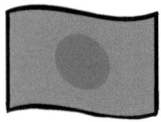

בנגלית

bengalų

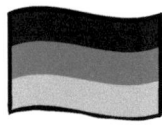

גרמנית

vokiečių

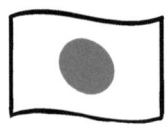

יפנית

japonų

אני

aš

אתה / את

tu

הוא / היא / זה

jis / ji

אנחנו

mes

אתם

jūs

הם

jie

מי?

kas?

מה?

ką?

איך?

kaip?

איפה?

kur?

מתי?

kada?

שם

vardas

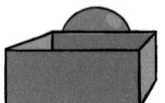

מאחור

už

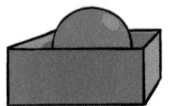

בתוך

kur (vieta)

לפני

priešais

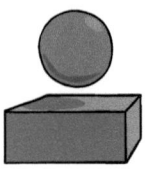

מעל

virš

על

ant

מתחת

po

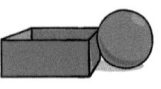

ליד

prie

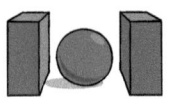

בין

tarp

מקום

vieta